L'EMPIRE

ET

LES PARTIS

DEVANT

LE

SUFFRAGE UNIVERSEL

PAR H. BONDILH.

MARSEILLE
IMPRIMERIE DE JOSEPH CLAPPIER
RUE SAINT-FERRÉOL 27
—
1864

L'EMPIRE

ET

LES PARTIS

DEVANT

LE

SUFFRAGE UNIVERSEL

PAR H. BONDILH.

MARSEILLE

IMPRIMERIE DE JOSEPH CLAPPIER

RUE SAINT-FERRÉOL 27

1864

A SA MAJESTÉ

NAPOLÉON III

EMPEREUR DES FRANÇAIS

SIRE

Les hommes de raison et de cœur, ceux surtout qui savent s'affranchir des fatales suggestions de l'égoïsme politique, ont pour devoir de rendre hommage à l'Auguste Souverain qui a prouvé et qui prouve, chaque jour, qu'un gouvernement sincère protecteur du peuple, doit préserver la démocratie si jeune encore des influences délétères des vieux partis.

J'ai eu l'honneur d'affirmer déjà, et dans de graves circonstances, cette pensée à la gloire d'un Règne dont l'histoire impartiale rappelera les titres à la reconnaissance des générations.

Votre Majesté a daigné me faire accorder la haute faveur d'une réponse à la brochure que j'eus l'honneur de lui adresser l'année dernière, sur la coalition électorale des vieux partis à Marseille.

Aujourd'hui, autant que jamais, il importe de persévérer dans cette lutte d'un civisme sincère contre les manœuvres des tribuns omnicolores.

C'est pourquoi j'ose espérer de Votre Majesté la même bienveillance pour le modeste opuscule que je suis heureux de lui consacrer sous ce titre : *l'Empire et les Partis devant le suffrage universel.*

Sire

C'est à Votre sagesse souveraine d'apprécier si la pensée formulée dans ces quelques pages répond exactement à la situation nouvelle de la France et aux tendances généreuses d'un gouvernement conciliateur.

En attendant, je prie Votre Majesté d'agréer l'expression des sentiments avec lesquels

J'ai l'honneur d'être,

Sire,

Votre très humble
et très dévoué serviteur et sujet,

H. BONDILH,

Rue Vacon, 64.

Marseille, 20 Mai, 1864.

L'EMPIRE ET LES PARTIS

DEVANT

LE SUFFRAGE UNIVERSEL.

A l'heure de la période historique où la France est arrivée depuis le jour où furent proclamés les droits de l'homme et du citoyen, il est permis sans doute, il est même nécessaire de dresser le bilan politique des partis, et de demander à chacun d'eux ce qu'il a fait pour la liberté et pour le peuple.

Une vérité acquise à l'expérience, c'est que pendant cette période de 75 ans, tous les partis, sans distinction de tendance et de couleur, ont perdu le droit de s'accuser et de se plaindre des abus de la force, dont chacun d'eux s'est rendu coupable.

Depuis l'exaltation des plus fougueux révolutionnaires jusqu'aux passions des conservateurs rétrogrades, nul groupe n'échappe à cette accusation d'avoir voulu exercer sur la société les violences d'une domination exclusive et confisquer la liberté de conscience au profit d'une idée absolue.

Les partis ont fourni, à cet égard, des preuves

surabondantes; ils ont démontré, tour à tour, leur faiblesse et leur impuissance par les excès qui ont signalé leur avénement successif au pouvoir.

Au risque de froisser l'ombrageuse susceptibilité de certaine secte révolutionnaire, il faut avoir la probité et le courage de lui dire que la liberté n'a pas eu moins à souffrir de ses erreurs que des fautes si justement reprochées aux contempteurs de la cause populaire.

Les traditions du jacobinisme n'ont elles pas égaré les meneurs de l'émeute républicaine, lorsque, en Mai 1848, ils ont cru pouvoir, sans crime et sans remord, porter une main sacrilège sur les élus du peuple, sur les mandataires inviolables de la France !

Il ne servirait de rien aux organisateurs de ces luttes civiles, d'invoquer leur pureté intentionnelle et leur civisme incorruptible; il ne s'agit pas, vraiment, de contester une certaine loyauté, (trop chevaleresque), non plus que de flatter l'orgueil aveugle de quelques tribuns attardés sur la route du progrès politique.

Mais ce que nulle prétention ne pourra effacer ni détruire, c'est que, en 1848 comme en 1793, il s'est trouvé des hommes qui ont eu la folle ambition d'inaugurer le régime de la liberté avec les mœurs et avec les moyens du despotisme ; c'est que le recours à la force a été le dernier mot, pour ne pas dire, l'unique programme de quelques agents trop accrédités du parti qui s'intitulait : parti de l'action, toujours prêt à immoler la loi sur l'autel du fanatisme révolutionnaire.

La démocratie a donc ses faux dieux, tout comme les adorateurs du Baal légitimiste, et comme les partisans du monopole censitaire.

C'est ainsi que les ordonnances de Charles X, le refus de la réforme électorale par L. Philippe, et la violation du suffrage universel par les émeutiers de 1848, n'ont que trop prouvé la déplorable conformité des tendances oppressives de la monarchie et du jacobinisme.

La démocratie, ou plutôt, la fraction exclusivement militante du parti populaire, n'a pas su dégager la notion pure de la liberté des passions personnelles et des intérêts égoïstes de secte ; c'est donc la raison d'Etat qui a dominé et qui domine encore dans le plus grand nombre des esprits et qui méconnait les droits de la raison humaine ; c'est l'idée autoritaire qui a voulu et qui voudrait encore prévaloir sur l'autonomie de la conscience; c'est enfin la dignité et l'inviolabilité du citoyen, qui sont compromises par le dogmatisme traditionnel de la secte jacobine.

N'est-il pas prouvé aujourd'hui, et pour les moins clairvoyants, que si la tentative du 15 mai 1848 avait pu triompher, cette triste victoire aurait abouti fatalement à l'inauguration d'un régime politique emprunté aux souvenirs de la Terreur !

Supposez, en effet, que le coup de main de Barbès et consorts eût amené la dissolution violente de l'Assemblée Constituante à peine investie du mandat de la France, cette dictature de l'émeute aurait-elle pu s'installer au pouvoir et le garder, fût-ce quelques jours, sans imposer silence à tous les dissidents, et sans décréter la peine de mort contre les résistances antagonistes ! Est-ce que les intelligences et les intérêts réfractaires à la domination de ce parti n'auraient pas contraint les vainqueurs à renouveler la loi des Suspects et à rouvrir les tribunaux révolutionnaires !

L'ignorance fanatique ou la mauvaise foi intéressée pourraient seules affirmer le contraire ; mais la France n'a pas laissé croire aux parodistes de 1793 qu'elle subirait cette usurpation des tribuns après avoir fait justice de la monarchie féodale et du monopole censitaire.

Il est donc vrai de dire que si la République de 1848 a été frappée au cœur, elle a reçu le coup mortel de la main même de ceux qui prétendaient, au nom et sous prétexte de la liberté, soumettre le suffrage des citoyens à l'autocratie tribunitienne.

Mais ce qui est vrai aussi, et d'une vérité supérieure aux accidents de l'histoire, c'est que les principes de la démocratie ne peuvent se réaliser dans la vie sociale que par le respect de la conscience individuelle.

Il importe donc que la tradition des mœurs violentes soit oubliée au profit des idées qui constituent, pour ainsi dire, l'essence même du suffrage universel.

Tant que la souveraineté du peuple ne sera pas entendue comme la souveraineté de la loi,

Tant que les progrès de la raison publique n'auront pas prouvé et démontré à tous et à chacun que le droit est supérieur au peuple lui même, la démocratie ne sera qu'un mot de ralliement à l'usage des oppositions avides du pouvoir.

Le suffrage universel sera méconnu dans la vérité de son principe civilisateur jusqu'au jour où les plus légitimes aspirations du peuple, dégagées des passions personnelles, se traduiront dans la formule absolument vraie de la NOMO-CRATIE.

La Nomocratie ! tel est, en effet, le régime de la liberté qui ne peut vivre et prospérer que sous l'autorité souveraine de la loi !

—

Une remarque indispensable (ceci s'adresse aux esprits indépendants), c'est que, dans une question de l'importance de celle dont il s'agit, on n'a pas voulu se donner la stérile satisfaction de mettre en cause les partisans d'une certaine secte politique, et encore moins de réveiller les souvenirs d'une époque orageuse, en s'adressant aux héritiers directs de l'absolutisme révolutionnaire.

Il est trop aisé de voir que le parti théocratique, dans ses diverses catégories, est naturellement hors de cause quand on recherche les conditions morales et les garanties matérielles de la liberté.

—

Si ces observations reposent sur l'appréciation exacte des principes et des évènements, il s'ensuit que le parti démocratique, plus que tout autre, a le devoir de rendre compte de ses actes, alors surtout qu'il prétend revendiquer l'honneur de parler ou d'agir au nom de la liberté et dans l'intérêt du peuple.

Au lieu d'exalter si souvent, mal à propos, les soi-disant vertus de la démocratie militante, il faudrait dire au peuple lui même :

Qu'il n'a pas encore réalisé cet heureux accord, si indispensable, entre les principes du suffrage universel et ses mœurs historiques ;

Que, s'il n'est pas responsable, jusqu'à ce jour, de son ignorance en matière de théorie démocratique, le peuple a besoin, comme chacun des individus qui le composent, de faire son éducation qui est soumise à des conditions de temps et d'expérience que rien ne peut suppléer.

La transformation des idées et l'assainissement des esprits viciés par le règne séculaire du dogmatisme, ne peuvent s'effectuer qu'à l'aide d'institutions qui protègent les masses contre leurs propres erreurs et contre les influences dissolvantes des partis.

A ce point de vue, le régime républicain improvisé en 1848, a été, à cause de l'ignorance générale, le terrain le moins favorable aux vrais intérêts du peuple.

Trop de prudence et de circonspection était nécessaire, en ce moment, pour éviter les embûches des partis vaincus en février ; la fougue des tribuns, pour ne dire rien de plus, était le pire des moyens à l'aide desquels le peuple pouvait se façonner aux mœurs de la liberté.

L'apprentissage du vote universel était donc différé, pour les masses, jusqu'au jour où un gouvernement, supérieur aux passions rétrogrades et aux témérités révolutionnaires, prendrait en main la défense de cet ordre indispensable au triomphe rationnel des idées de liberté et d'égalité.

En 1851 tous les partis avaient inscrit le coup d'Etat sur leur drapeau !

La dictature était le rêve poursuivi par l'ambition égoïste des théocrates et par la jalousie aveugle des jacobins.

Nul n'a donc à se plaindre que l'ordre ait été rétabli par la dictature que les uns voulaient coiffer du bonnet phrygien, et que d'autres voulaient timbrer de fleurs de lys pour la rendre plus LÉGALE, sans doute !

Le mérite et l'honneur de l'Empire, pour les hommes de bonne foi, sera d'avoir brisé la plus funeste des dictatures, celle des vieux partis qui ont la prétention de vivre ailleurs que dans les pages de l'histoire.

Le suffrage universel est, en même temps, la légitimité et la force de l'Empire qui, seul entre tous les gouvernements installés au pouvoir depuis 75 ans, a pu procurer au peuple le bénéfice durable et paisible de deux révolutions.

Le gouvernement de l'Empire s'est proclamé et s'est montré l'héritier et le continuateur des idées réparatrices de 1789.

Il a rendu à l'exercice du droit électoral la vérité de son caractère universel, en supprimant la loi d'exception établie par les réacteurs de l'Assemblée législative.

Il a su écarter le fléau des discordes civiles en refoulant les vaines ambitions des tribuns omnicolores et en réduisant à l'impuissance les tacticiens émérites des coalitions parlementaires.

De même que le suffrage universel, l'Empire n'est d'aucun parti ; il est étranger aux intérêts de caste ; protecteur de la démocratie, il la préserve des fatales suggestions de ces artisans d'oppositions systématiques, avocats et tuteurs plus que suspects de la cause populaire qu'ils ont dédaignée et bafouée aux jours de leur règne corrupteur.

L'empire n'a pas eu son berceau dans les barricades de 1830 ; mais plus sincère et plus habile que les exploiteurs du monopole censitaire, il a donné à la France une Constitution qui s'accomode des progrès du temps et des besoins légitimes du peuple.

Depuis que l'orléanisme a péri misérablement sur l'écueil de la réforme électorale, il s'est élevé du sein de ce parti matérialiste, des coryphées plus ou moins discrédités de la liberté, qui affectent de ne pas se souvenir de combien d'outrages ils abreuvèrent la France des non-censitaires, ou la nation *extra-légale* (style Guizot), pendant la durée d'un régime qui a trouvé son châtiment dans l'excès de son orgueil et de son aveugle exclusivisme.

L'empire n'a pas eu la superbe jactance de ceux qui commencèrent par chanter *la Marseillaise* sur le balcon de l'hôtel-de-ville pour aboutir au refus de la réforme électorale, à la négation du progrès.

L'empire a son point de départ dans la répression de tous les vieux partis ; son existence est basée sur la nature même du suffrage universel qui doit protéger les droits de tous sans faiblir devant aucune coterie politique, sans redouter les coalitions de ceux-là mêmes qui chantent le refrain de la liberté, depuis qu'ils ont perdu le pouvoir de l'opprimer.

———

En ce qui concerne plus spécialement ce groupe politique dit parti conservateur, il doit reconnaître à cette heure qu'il a été lui-même, l'artisan de sa propre déchéance ; car il a failli à sa cause par l'exagération de son principe ; il s'est affaibli par l'excès même de son ambition

Les conservateurs-orléanistes, fils dégénérés du Tiers-Etat, soutinrent pendant dix-sept ans une lutte impossible contre la révolution elle-même ; ils prétendirent décréter l'immobilisme comme régime normal des générations qui voulaient féconder l'héritage de la Constituante de 1789, et réaliser l'immortelle déclaration des droits de l'homme et du citoyen.

Louis Philippe entraîné à l'abîme par les conseils d'un ministre infatué de son génie politique, dut comprendre au 24 février, qu'il avait prononcé lui-même, l'arrêt de son propre règne, quand il avait promis solennellement de faire de la Charte une vérité.

———

Or, la Charte de 1830 ne pouvait mentir !

———

Elle fut si bien une vérité qu'elle précipita du trône celui qui, après s'être porté caution et garant de la loyauté politique, eut le malheur de faillir à sa parole.

Qu'elle était donc cette loyauté politique de la Charte de 1830 ?

Elle consistait, jusqu'à preuve du contraire, à développer successivement toutes les forces vives de la nation, eu abaissant d'une main libérale autant que prudente, les barrières du monopole et du privilège devant le flot montant de la pensée moderne ; à suivre d'un œil attentif la marche de l'esprit ou de l'opinion publique sur le cadran des années; à constater soigneusement l'heure réservée, dans le temps, à l'émancipation régulière des citoyens arrivés par l'étude, par la science morale et la capacité intellectuelle à leur majorité civique, ou soit à la prise de possession de leurs droits électoraux.

Si l'orléanisme avait eu le quasi-malheur d'hériter de la Restauration, un système vermoulu de monopole et d'exclusivisme clérico-royaliste, les circonstances mêmes de leur origine révolutionnaire auraient dû faire comprendre aux docteurs ou doctrinaires de la bourgeoisie, que, à moins de s'arrêter sur le chemin de la vie, les enfants devenus hommes, ne permettent pas à leurs tuteurs de perpétuer le droit d'aînesse jusqu'à la fin des siècles.

A ce point de vue, la catastrophe de l'orléanisme rétrograde et infidèle à son acte de naissance est, peut-être, de tous les châtiments historiques, le seul qui n'éveille aucune idée de pitié ou de condoléance rétrospective.

Charles X et ses courtisans féodaux succombèrent en chevaliers attardés de l'absolutisme théocratique; ils furent précipités du pouvoir comme les derniers paladins d'une cause impossible.

L'orléanisme, tenu sur les fonds baptismaux des barricades par des parrains d'origine plébéienne, ne pouvait vivre et prospérer que dans les régions lumineuses du droit moderne, ou, pour mieux dire, du seul droit imprescriptible, au soleil de la raison que l'on peut obscurcir parfois, mais éteindre, jamais !

Quand le vertige de l'égoïsme conservateur se fut emparé des plus fortes têtes du monde doctrinaire ; quand les tristes suggestions du matérialisme financier eurent livré tous ces grands hommes d'Etat à la plus étrange hallucination, ils s'imaginèrent qu'ils étaient bien et dûment les possesseurs immuables et les détenteurs inamovibles du gouvernement symbolisé par le Dieu Terme et le Veau d'or.

En pensant ainsi et en résistant aux plus modestes exigences de la France progressiste, les prétendus conservateurs orléanistes n'ont que trop justifié la déchéance à jamais irréparable dont le peuple les a si terriblement frappés à l'heure suprême de février.

C'est parce qu'ils n'ont pas su être conservateurs-progressistes qu'ils ont naufragé sur l'écueil de la révolution.

La pensée humaine, forcément inexorable, ne permet à personne de s'arrêter sur cette voie mystérieuse de la vie ; il faut marcher vers la lumière de la vérité ou disparaitre dans les ténèbres de l'erreur; la pire des témérités et la plus folle des ambitions fut toujours de se jeter à travers la route de l'histoire !

Pareils aux gouttes d'eau qui s'amoncèlent d'abord, sans bruit, au pied de leurs barrières, pour déborder en torrents dévastateurs, les peuples ont toujours le temps d'attendre l'heure des catastrophes.

Conservateurs rétrogrades, du 23 février 1848, vous vous dites de l'opposition à cette heure; vous jetez à tous les points de l'horizon les mots de passe, *indépendance*, *libéralisme*, voire même UNION-LIBÉRALE entre bleus et blancs ....
......! vous affectez de méconnaître la marche

logique de l'Empire vers le progrès méthodique, vous vous irritez en secret du caractère démocratique des salutaires réformes entreprises par ce gouvernement au profit des classes laborieuses, mais il faut bien croire que l'Empire, éclairé par les leçons de l'histoire et conséquent avec sa propre origine, fera pencher la balance de ses sympathies vers les conservateurs progressistes, et ne prendra jamais conseil que de ceux qui voient le gage certain de la prospérité générale et l'affermissement de la paix publique dans les satisfactions accordées aux intérêts légitimes du peuple.

H. BONDILH.

(*Nouvelliste* du 19 mai 1864.)

Marseille. — Imp. Jh CLAPPIER, rue St-Ferréol, 27.

www.ingramcontent.com/pod-product-compliance
Lightning Source LLC
Chambersburg PA
CBHW071426060426
42450CB00009BA/2040